Martyn Evans

CRWYDRAU Y BARDD DWP NEU

THE MEANDERINGS OF AN IDIOT!

AUSTIN MACAULEY PUBLISHERS™
LONDON • CAMBRIDGE • NEW YORK • SHARJAH

Hawlfraint © Martyn Evans (2024)

Mae Martyn Evans wedi datgan ei hawl dan Ddeddf Hawlfreintiau, Dyluniadau a Phatentau 1988, adrannau 77 a 78, i gael ei gydnabod fel awdur y llyfr hwn.

Cedwir pob hawl. Ni ellir atgynhyrchu unrhyw ran o'r cyhoeddiad hwn a'i gadw mewn cyfundrefn adferadwy na'i drosglwyddo mewn unrhyw ddull na thrwy unrhyw gyfrwng, electronig, electrostatig, tâp magnetig, mecanyddol, ffotogopio, recordio, nac fel arall, heb ganiatâd ymlaen llaw gan y cyhoeddwyr.

Ceir rhywun sy'n cyflawni unrhyw weithred heb awdurdod yn berthnasol i'r cyhoeddiad hwn ei erlyn yn droseddol a hawliau sifil am ddifrodau.

Mae cofnod catalogio CIP ar gyfer y llyfr hwn ar gael gan y Llyfrgell Brydeinig.

Rhif Llyfr Safonol Rhyngwladol 9781528985888 (Clawr meddal)
Rhif Llyfr Safonol Rhyngwladol 9781528985895 (eCyhoeddiad e-Llyfr)

Copyright © Martyn Evans (2024)

The right of Martyn Evans to be identified as author of this work has been asserted in accordance with section 77 and 78 of the Copyright, Designs and Patents Act 1988.

All rights reserved. No part of this publication may be reproduced, stored in a retrieval system, or transmitted in any form or by any means, electronic, mechanical, photocopying, recording, or otherwise, without the prior permission of the publishers.

Any person who commits any unauthorised act in relation to this publication may be liable to criminal prosecution and civil claims for damages.

A CIP catalogue record for this title is available from the British Library.

ISBN 9781528985888 (Paperback)
ISBN 9781528985895 (ePub e-Book)

www.austinmacauley.com

First Published (2024)
Austin Macauley Publishers Ltd
1 Canada Square
Canary Wharf
London
E14 5AA

I Fy Mam
Rita Evans
31/7/1920-23/12/2017

A Fy Nhad
Eddie Evans
25/12/1921 - 9/3/1999

DIOLCHIADAU

Hoffwn ddweud diolch yn fawr iawn i'r holl diwtoriaid Cymraeg sy' wedi fy nysgu I dros y blynyddoedd. Mae pob un ohonoch chi wedi bod yn hael iawn i roi eich amser I ddysgu rhywun fel fi dros y blynyddoedd!

Rydw i eisiau diolch yn arbennig i Dafydd a Meri Griffiths, sy' wedi dod yn ffrindiau mawr dros y blynyddoedd, Nesta Elis am roi blas barddoniaeth Cymraeg i mi ac am fod yn barod i gywiro fy ngwaith ac i Aled Lewis Evans am fy hybu i ysgrifennu barddoniaeth a rhoi mewn llyfr.

Rydw i wedi enwi dim ond ychydig o'm hathrawon ond mae pob un yn fy meddwl.

Diolch yn fawr i chi i gyd.

ACKNOWLEDGEMENTS

I would like to say a big thank you to all the tutors who have taught me over the years. All of them have been very generous in giving their time to teach someone like me over a lot of years.

My special thanks go to Dafydd and Meri Griffiths not only for teaching, but for being good friends for all these years, Nesta Elis for giving me a taste of Welsh poetry (and for correcting my work!) and to Aled Lewis Evans for encouraging me to keep on writing poetry and to put it in to a book.

I've only named a few of my tutors, but they are all in my thoughts.

Once again, a big thank you to all of my tutors.

RHAGAIR

Croeso i gyfrol sy'n gynnwys rhai darnau o fy ngwaith barddonol sy'n dechrau yn nawdegau'r ganrif ddiwethaf ac yn arwain at heddiw.

Mae'n dangos fy ngwaith barddonol dros y blynyddoedd dwi wedi mynychu dosbarthiadau Cymraeg.

Hefyd mae yma ddarnau o 'Ficro lên' ysgrifennais i ymarfer idiomau a dywediadau Cymraeg.

FOREWORD

This book contains pieces of my poetry dating back to the early 1990s and leads up to the present day.

It shows my poetic journey over the years that i have been learning Welsh.

It also contains a few pieces of 'Micro Literature' that i wrote to help myself learn Welsh idioms and sayings.

CERDDI A STRAEON / POEMS AND STORIES

Pellter (2018)

Dyma'r soned ysgrifennais, unwaith eto i gystadlu am y gadair yn Eisteddfod Dysgwyr y Gogledd Ddwyrain, ond ches i ddim lwc! Mae'n sôn am golli fy mam, Nadolig 2017, ac am y pellter sy nawr rhyngom ni.

8

Er fy mod i'n mwynhau pellter
pan dw i'n gerdded yn y gwlad.
Heddwch yn fy enaid wrth gweld ysblander
popeth o'm cwmpas creuodd gan ein Tad.
Dw i ddim yn hoff o'r pellter nawr
sy' rhyngoch chi a fi pan wnaethoch gadael.
Ddim yn bell ar ran milltiroedd enfawr,
ond mor bell ag erioed yn ddi-ffael.
Dw i'n gweld eich wyneb nawr bob diwrnod.
Ond ddim yn gallu gofyn pam
adawoch mor fuan a ddi-bechod.
Mewn penbleth nawr wrth dioddef cam.
Wedi derbyn eich bod chi ddim yma
Ond yn gerdded yn y sanctaidd noddfa.

Distance (2018)

I wrote this sonnet after losing my mother at Christmas 2017. It's another one i entered for the chair competition in the North East Wales Learners' Eisteddfod, but again had no luck!

I always enjoy the feeling of distance
When I'm out walking through the land.
Peace in my soul at seeing such brilliance
Created by God and looking so grand
But i'm not too fond of being so far
From you, now that you have gone.
The miles between us do not jar,
As I see your grave with flowers upon.
Your chair is empty and you're not here.
And I see you still in every room.
But my sadness lessens for one so dear.
There are no tears now on your tomb.
And I know you are with me every day
Always here watching, not so far away.

Llwybrau (2017)

Dyma'r gerdd arall ysgrifennais ar gyfer cystadleuaeth y Gadair yn Eisteddfod Dysgwyr y Gogledd Ddwyrain ay y pwnc 'Llwybrau'. Wrth lwc enillais y Gadair y blwyddyn yma, ac roedd lle arbennig ar y dresel am y Gadair. Yn anffodus mae rhaid rhoi'r Gadair yn ôl ar ôl blwyddyn, ac nawr mae 'na wagle ar y dresel.

Llwybrau'r ddinas yn llosgi ein traed,
Wrth i ni gerdded am oriau.
A'r rhuthro'n dechrau berwi ein gwaed,
Wrth i ni flasu prysurdeb bywydau.
Cerdded yn igam ogam, hwnt ac yma,
Yn chwilio am bwy a wyr beth.
Yn dilyn ein gilydd ar helfa,
Ond ffeindio dim byd, ac mewn penbleth.
Ond llwybrau'r maesydd yn feddal a gwag
Ar ôl gwallgofrwydd y strydoedd.
Mae awyr ffres ar ôl dianc rhag
y ddinas a'i stwr a'i gelloedd.
Mae'n dda ambell waith i gerdded yn rhydd.
Ac ail gydio mewn tawelwch a ffydd.

Pathways (2017)

This is another poem i wrote to compete for the Chair in the North East Wales Learners Eisteddfod of 2017. This time i was successful, and kept the chair in a special place on the sideboard. The following year i competed again, but without success. There is now an empty space on the sideboard!

The harsh city pathways burn our feet
As we rush along them for hours.
The racing around makes us all overheat,
And the taste of our busy lives sours.
Walking without direction here and there.
Searching in vain for who knows what.
Losing ourselves and always in despair.
Finding nothing, we end up in a rut.
But country pathways are open and quiet
After the madness of our city life.
Slow and calming after the riot
Of the pace of the city and all its strife.
From time to time we all have to rest
And try to experience life at its best.

Soned Nadoligaidd (2017)

*Mae soned yma yn sôn am dreialon y Nadolig
– y da, y drwg, y cyffro a'r anhrefn!*

Dyma'r Nadolig unwaith eto
Dan ni gyd yn mwyhau'r parti
Mae pawb wrthi'n mwydo
Ac mae tŷ bach yn dechrau drewi.
Mae plantos yn chwarae efo'u hanrhegion
Ac mae arnoch chi filoedd i'r banc
A dach chi eisiau bod efo'r angylion
Oherwydd cur pen dros sgrechian yr ieuanc.
Does dim byd ar y teledu.
Does neb yn chwarae gemau parti
Mae'ch perthnasau yn pregethi
Ac dach chi'n methu ymdopi
Ond cofiwch chi, mae run peth blwyddyn nesa
Felly bydd dim byd yn gwella

A Christmas Sonnet (2017)

This sonnet talks about the trials of Christmas – the good, the bad, the excitement and the chaos!

Christmas comes but once a year,
And we eat and drink and eat and drink.
Then we all feel a little queer,
And the toilet has an awful stink!
The children with their presents are full of joy,
And your bank account is in the red.
The shouts and screams, the kids fighting over a toy.
It's the time of the year you wish you were dead!
The telly's not the same as in days gone by
And no one plays any family games.
When will all of this be over? you sigh,
As you forget rarely seen relatives' names!
When you remember it's more of the same next year,
You lose the rest of your good cheer!!

Taith Olaf Mam (2017)

*Ysgrifennais y soned yma pan oeddwn i yn ysbyty Caer yn eistedd wrth ochr gwely
fy mam yn ei dyddiau olaf. Buodd hi farw dau ddiwrnod cyn Nadolig 2017.*

Mewn ambiwlans i'r ysbyty
Ar ei thaith olaf i Gaer
Ni ddaeth hi 'n ôl adref
Ni ddywedith 'r un gair
Eisteddai wrth ei gwely
Yn aros ac yn aros byth
Gwyddwn fod y diwedd yn dod
s'nam gobaith am un wyrth
Ei hanadlu'n swnllyd ar brydiau
Ond yn dyner gan fwyaf
Ei lygaid ddim yn agor
Ei chlustiau na chlywaf
Yn araf mi ddaw'r ddiwedd
Ac mi eith i orwedd yn ei fedd

Mum's Last Journey (2017)

I wrote this sonnet while i was in the Countess of Chester hospital sitting by my mother's bedside. She died two days before Christmas 2017.

In an ambulance to hospital
Her last journey to Chester.
I will not bring her home again.
Not another word will she utter.
I sit alone by her bedside
Watching and waiting still,
Knowing that the end is near.
No miracle can cure this ill.
On occasion her breath will rattle
But is mostly smooth and quiet.
Her eyes are closed to the world.
Her ears oblivious to the riot.
The end for this lady brave
Is peaceful as she goes to her grave.

Limrig (2017)

*Dyma limrig, aflwyddiannus, ysgrifennais i am gystadleuaeth y
Limrig yn Eisteddfod y Treuddyn. Roedd rhaid ffurfio limrig ar y
llinell gyntaf, gosodedig, 'Daeth plismon i fyw yn y pentre'*

Daeth plismon i fyw yn y pentre
Roedd pawb yn poeni, rhaid cyfadde
Ond ar ôl dod i'w adnabod
Cafodd pawb eu gwir syndod
Roedd o'n ymchwilio pobl Yr Hendre.

Limerick (2017)

This in a limerick, unsuccessful, i wrote for the Limeric competition in the Treuddyn Eisteddfod. Competitors had to form a limerick around the set first line 'Daeth plismon i fyw yn y pentre' ('A policeman came to live in the village').

A policeman came to our village,
And we all thought he was a savage.
But after seeing him work
No task would he shirk
As carnival queen, what a strange image.

Arwyr (2017)

Ysgrifennais y darn yma ar gyfer y gystadleuaeth Tri phennill Telyn/Triban efo'r pwnc Arwyr, yn Eisteddfod y Treuddyn. Mae hi wedi ei seilio ar y daeargryn ym Mecsico a digwyddodd rhai misoedd yn gynharach y flwyddyn honno.

Ym Mecsico mae daeargryn yn dinistrio
Trwy 'r wlad a'r dinasoedd mae'n rheibio.
Mae adaeladau wedi troi'n adfeilion.
A'r trigolion yn gaeth wedi'u treisio.

Achubwyr nawr yn trio'u darganfod
Efo caib a rhaw a dwylo cryndod.
Trwy'r rwbel maen nhw'n chwilio.
Wedi malurio concrid, mi ddaw syndod.

Yn nhawelwch nefol wedi'r anhrefn.
Clywson gwaedd gwan dan y dodrefn.
Efo caib a rhaw cloddion i lawr.
Ymdrech enfawr er gwaetha poen cefn.

Heroes (2017)

I wrote this piece for the competition Tri Phennill Telyn/Triban, on the subject of Heroes, in the Treuddyn Eisteddfod. I based it on the earthquake that struck Mexico a few months earlier that year.

An earthquake in Mexico rages,
Through towns and cities it rages.
The ruined buildings are silent,
People are absent or trapped in the ashes.

Rescuers race through the wastelands
With pick and shovel and trembling hands.
Through the rubble a path they beat,
Cracking concrete, they squirm through broken strands.

In the deathly silence after the disaster,
A cry is heard, no louder that a whisper.
With pick, shovel and hands they dig down,
Without a frown they all work together.

Donald Trump

Darn o gerdd am Arlywydd America, Mr Trump wrth gwrs. Ysgrifennais y darn yma i gystadlu yn Eisteddfod Y Treuddyn yn 2017 yn y gystadleuaeth Dychangerdd/Cerdd Ddoniol. Mae'n sôn am drafferthion sy'n effeithio ar Donald Trump yn ei swydd.

Mi enillodd y ras i gyrraedd y brig
Ond er bob hynt a helynt
Roedd ei wallt yn sownd yn y gwynt

Yn erbyn llif pobl ei wlad a'i gelynion
Ond er bob hynt a helynt
Roedd ei wallt yn sownd yn y gwynt

Trwy drafferthion i lenwi ei lywodraeth ei hun
Prentisiaid yn dod ac yn mynd
Ond er bob hynt a helynt
Roedd ei wallt yn sownd yn y gwynt

Bildio wal yn erbyn y llif –
Mwslemiaid, Mecsicans, Coreans y Gogledd.
Y byd i gyd a ddweud y gwir
Ond er bob hynt a helynt.
Roedd ei wallt yn sownd yn y gwynt.

Corwyntoedd Particia, Jose ac Irma
Yn rheibio dros y Caribi.
Ond pwy sy'n sefyll yn stond?
Y dyn ei hun ar ben y byd.
Ond oherwydd pob hynt a helynt
Mae ei wallt wedi mynd efo'r gwynt!

Donald Trump

This is a piece about the President of America, Mr Trump of course. I wrote this for the competition Dychangerdd/Cerdd Doniol (Satirical Verse/ Funny Verse) in the Treuddyn Eisteddfod in 2017. It tells about some of the troubles experienced by Donald Trump early in his Presidency.

He won the race to reach the top,
And he is so thick-skinned
His hair stayed put in the wind!

Against floods of people from all lands
But he is so thick skinned
His hair stayed put in the wind!

Through the grind of choosing his people,
Against some of whom he sinned.
But he is so thick-skinned
His hair stayed put in the wind!

To build a wall against the rush,
Muslims, Mexicans and North Koreans.
The whole world to tell the truth!
But he is so thick-skinned
That his hair stayed put in the wind!

Hurricanes Patricia, Jose and Irma
Raged across the Caribbean,
But who stands above it all?
Who but the man himself.
But is he so thick-skinned
If his hair blows away in the wind?

Y Frwydr (2017)

*Dyma ddarn ysgrifennais ar gyfer cystadleuaeth y Gadair yn
Eisteddfod Treuddyn 2017, y tro cyntaf fy mod i wedi ceisio
cystadlu mewn rhywbeth sy ddim am ddysgwyr yn arbennig. Er fy
mod i ddim wedi ennill, ces i sylwadau da gan y beirniad.*

Ysgrifennais am y frwydr yn y byd natur rhwng anifeiliaid am fwyd a bywyd.

Mae brwydr natur yn un creulon a ddi-ffael
Rhwng anifeiliaid o bob lliw a llun
i sicrhau disgynyddion dyfodol mor hael
Ond dyfodol sy' heddiw mor ansicr a di-lun

Mi welais o'n hongian heb siw na miw
Heb ddim i'w dal mond llaw Duw.
Roedd o'n ofalus yn chwilio am ei lle,
Ac yn feistr creu campwaith o we.
Mi ddaeth yn igam ogam trwy'r awyr.
A dweud y gwir doedd o ddim yn rhy drylwyr!
O le i le hedfanodd heb reswm.
Roedd ei daith heb gynllun na phatrwm.
Mi stopiodd yn sydyn efo dipyn o sioc.
Er gwaetha ei ymladd a thician y cloc.
Mae gelyn yn rhuthro i'w lapio'n dyn.
Mae popeth ar ben i druan o wybedyn
Eto mae pry' cop yn hongian heb siw na miw,
Heb ddim i'w dal mond llaw Duw!
Mae Hebog Tramor uwch yn yr awyr
Yn hedfan o gwmpas a gwylio'n ofalus
Am adar diarwybod, heb synnwyr
i edrych i fyny am adar ysglyfaethus.
Wrth weld ei phryd nesaf

Mae Hebog yn plymio i lawr
Fel saeth mae'n mynd i'r eithaf
i'w dal y druan cyn cyrraedd y llawr.
Tynn yn ewinedd yr Hebog
Mae corff yr aderyn drist
Yn ddi fywyd a llipa, a thraed ewinog
Yn ei cario yn ol i'w cist
Lle mae cywion yn aros am riant i'w bwydo
Efo corf y druan adar a'i rhwygo.

Ar y glaswelltir mae antelop yn pori
Ar y glesni o'i gwmpas yn ofalus.
Efo'i synhwyrau miniog yn rheoli
Ei symudiadau ac ymdriniaeth nerfus.
Mae llewod o gwmpas yn hela,
Yn cripian tuag at eu targed.
Aros ac aros tan ddechrau'r helfa.
Fel fflach at yr anifail fel bwled.
Ond mae antelop fel fflach yn ymateb,
Mor gyflym â mellt yn rhedeg i ffwrdd
Efo'r llewod yn ei hela mewn undeb.
Ond yn rhy araf ac yn methu i gyffwrdd.
Mae'r llewod wedi methu am y tro,
Ond y tro nesaf efallai bydd llwyddo.

Ar lan yr afon mae dyn yn sefyll.
Gyda gwialen bysgota yn ei law.
Bachyn yn y dwr ac yn aros am frithyll
Dim by i'w gwneud, a segur ei dwylaw.
Cyn hir daw'r pysgod yn dawel trwy'r dwr
Yn chwilio am rywbeth i'w bwyta,
A sownd yn ei geg aeth bachyn y bonheddwr.

Ac er gwaetha ei ymladd, daw'r pysgodyn o'i guddfa.
Mae pysgotwr wedi'i dal ar lan yr afon.
Tynnu llun y pysgodyn a'i mesuro.
Ymffrostio a'i ddangos i'r tystion.
Ac wedyn yn ôl i'r afon mae pysgodyn yn sleifio.
Ar lan yr afon mae dyn eto yn sefyll.
Bachyn yn y dwr yn aros am frithyll.

Er mwyn i rywbeth byw, mae angen i rywbeth marw.
Dyna dda a drwg holl lwybrau natur.
Weithiau mae ysglyfaeth yn ennill ac yn osgoi marw.
Weithiau mae'n colli. A dyna'r frwydr natur!

The Battle (2017)

This is a piece i wrote for the chair competition in the Treuddyn Eisteddfod. This is a local eisteddfod run by volunteers which takes place every year over one day and has many of the competitions on the National Eisteddfod. Even though i did not win, there were favourable comments from the judge.

This series of poems tells of the battle in nature between the hunters and the hunted.

Nature's battle is cruel and never-ending
Between earth's creatures large and small.
To secure a future for their offspring.
But today is that future so certain for all?

There it was, hanging, silent and still.
With nothing to hold it but God's will.
It had searched so carefully for its place
With a masterly web created with such grace.
With meandering flight through the still air.
To tell the truth, without much care,
Flying around with no reason at all,
From time to time landing on a wall.
Then suddenly it stopped, caught in mid-air!
Despite all the struggles it was stuck in the lair.
The spider rushed down without a cry.
The battle is over for this poor little fly.
Again the spider hangs silent and still,
Nothing to hold it but God's will.

High in the air the Peregrine flies,
Above the world as it carefully looks
For an unwary bird with its keen eyes.
Ready to unleash it's deadly hooks.
When it sees it's next victim
The peregrine plummets to earth,
Going so fast and it looks so fearsome.
Then it catches its prey above the earth.
Sound in the talons the body is held
Of the poor bird that now is at rest,
To be carried along, its life quelled,
To the small chicks in the peregrine's nest.
The hungry mouths are open so wide
And fed by parents filled with pride.

On the grasslands the antelope grazes,
On succulent shoots, but carefully watching.
With senses aroused it often flinches.
It is nervous and ready to spring.
For the lions are about and hungry,
Creeping towards their target so slowly,
Hoping their prey will not flee.
Then like a bullet they chase their booty.
But the antelope, in a flash, is running,
As fast as lightning it runs away.
But despite all their strength and cunning,
The antelope lives for another day.
This time the lions will not eat,
But next time they will get their meat!

A man stands waiting on a riverbank,
With his fishing rod in his hands.
Waiting for a fish on his hook to yank.
Waiting and watching the man still stands.
Silently swimming the fish will look.,
Searching around for a tasty meal.
One wriggles and writhes, and in its mouth a hook!
Then it is brought to the bank with such zeal.
Pictures are taken, measurements made.
The man is so happy with his catch.
He boasts to his friends. He has made the grade.
Then he puts the fish back in its own little patch.
Again a man stands waiting on a riverbank,
With his fishing rod in his hands.

For something to live, something else must die.
That is the law of the natural world.
Sometimes the hunters win and do not die.
Sometimes they lose in the natural world.

Cariad Coll, Teyrngerd Ffermwr I'w Ffrind, Limerigau (2016)

Dyma gerddi ysgrifennais ar gyfer diwrnod Santes Dwynwen
– santes cariadon Cymru neu'r Saint Folant Gymreig.

CARIAD COLL *– Cerdd ar ffurf triban, darn traddodiadol Cymreig*
sy'n dod o ardal Gwent. Mae'n sôn am ddyn sy wedi colli ei gariad.

TEYRNGED FFERMWR I'W FFRIND *– Triban eto sy'n sôn am gariad coll eto.*

LIMRIGAU *– Cerddi sy'n sôn am ba mor anodd i'w cariad.*

Cariad Coll

Mi rois fy nghalon i ferch fach ddel,
Ac rôn i yn fy saithfed nef am spel.
Ond un noson dan y lleuad llawn,
Y ferch o ddawn wneith dweud ffarwel.

Lle wyt ti Dwynwen annwyl,
Ar ôl fy ngadael yn annisgwyl?
Eistedd yma ar y mainc yn aros,
Ar dy wylnos, yn unig a ddi-hwyl.

Teyrnged Ffermwr I'w Ffrind

Roeddem ni'n dau gydan gilydd trwy'r dda a garw.
Ond tristwch mawr fod fy ffrind wedi marw.
Mae gwagle yn fy mywyd o hyd.
Mae fy myd yn wag ar ôl colli'r hen darw.

Limerigau

Tra'n garu ym Methesda efo Rhianedd,
Mi gollodd hen Maldwyn ei dannedd.
Ar ôl chwilio'n drylwyr,
Mi gollodd ei synwyr.
Pan ffeindion yn chwarel llechwedd.

Mi dreuliais ryw benwythnos ym mercheta.
Ond unig es i nôl i'r gwersyllfa.
Wedi meddwl yn glir,
Mi welais y gwir.
Basai'n well mynd allan i bysgota!

Lost Love, A Farmer's Sadness, Limericks
(2016)

These are verses i wrote for Santes Dwynwen's Day, the patron saint of lovers in Wales (the Welsh Saint Valentine).

LOST LOVE *– This is in the form of a triban, a traditional Welsh form of poem from the Gwent area. A young man is stood up by a girl he likes.*

A FARMER'S SADNESS *– Another triban that talks about a farmer's lost love.*

LIMERICKS *– These talk about how difficult the trials of love can be!*

Lost Love

I gave my heart to a lovely girl
I was in heaven, my head in a twirl.
But one night under a moon so bright
I had a fright when she left me in a whirl.

Where are you, Dwynwen, lovely and sweet,
After you left me upon this seat
Sitting here alone and in dismay
On your feast day so lost in defeat?

A Farmer's Sadness

We had good times and my life was full,
And when my friend died I was so tearful.
There's an empty space now in my life,
So much strife since I lost that old bull.

Limericks

While out in Bethesda on the heath,
Old Maldwyn lost his teeth.
He searched high and low
But only suffered woe,
He found them in a quarry far beneath.

Searching for love a weekend I spent,
But alone I went back to my tent.
After thinking a while
I developed a smile,
I'd have more luck fishing in Kent.

Warrior (2014)

Dyma gerdd arall ysgrifennais i ar gyfer Eisteddfod Dysgwyr y Gogledd Ddwyrain, ond methu ennill eto! Mae soned yma yn sôn am farch a chymerodd rhan ym mrwydr goed Moreuil yn rhyfel y byd cyntaf. March cadfridog Jack Seeley oedd Warrior, ac mi arweinion nhw wŷr meirch yn y frwydr. 'Dan ni wedi clywed llawer am filwyr rhyfel y byd cyntaf ond dim llawer am y ceffylau. Dyma fy amcan i ddod â nhw i'r golau dydd.

Er cof am arwyr Fflandrys, oll ar goll
ym meysydd mwd a llwch rhyw wledydd pell.
Cofiwn eu henwau nhw a'u hesgyrn oll.
Milwyr dewr, amddiffynwyr ein prif gell.
Ond pwy sy'n cofio'r ceffylau druan?
Nhw hefyd sy'n gorwedd yn yr un bedd
o fwd byw, a lyncodd popeth cyfan.
Ond, oes un sy'n sefyll ar y brif sedd?
Warrior, march dewr Jack Seeley, cadfridog.
Arweiniodd oll gwyr meirch ym maes y gad
Coed Moreuil, lle rhuthrodd yn dra bywiog
i ganol y gelyn, ar ôl y nâd.
Ond a oes rywun yn eu cofio nawr?
March sydd yn pori yn yr uchel bawr.

Warrior (2014)

This is another sonnet i wrote for the chair competition in the North East Wales Learners Eisteddfod, but without any luck! Warrior was the mount of General Jack Seeley and they took part in a cavalry charge in the battle of Moreuil wood during the First World War. We hear a lot about the soldiers who took part in the war, but not as much about the horses. This is my attempt to talk about at least one of them.

In memory of the Flanders heroes all,
Lost in the mud of a foreign field.
We remember their names and hear their call.
Brave soldiers who did not yield.
But who remembers the horses now?
They also lie in unmarked graves.
Their bones now uncovered by the plough.
But one stands above the muddy waves –
Warrior, a brave horse who led the host
Of cavalry horses in Moreuil woods,
When they charged and did their utmost
In the midst of the enemy in the woods.
But does anyone remember him now?
When his bones lie beneath the plough!

Hwyl

*Mae cerdd 'Hwyl' wedi ei selio ar gerdd enwog (yng Nghymru) 'Hon'
gan T H Parry Williams. Mae'n sôn am rywbeth sy'n agos at galonnau
pob dysgwyr (a Chymry Cymraeg am wn i!) sef treigladau!!*

*Ysgrifennais i 'Hwyl' am dipyn o hwyl yn nosbarth nos Cymraeg pan oeddwn
i'n dysgu yn Nhy Pendre yn Yr Wyddgrug. Wnes i mi ddangos y darn i'n
hathrawes ar y pryd, Nesta Ellis, ac meddyliodd hi ei bod hi'n addas ar gyfer
cystadleuaeth llefaru (grŵp) yn Eisteddfod Dysgwyr y Gogledd Ddwyrain.
Felly, wnaethom ni ffurfio grŵp o 6 i ddysgu y darn (o dan rheolaeth Nesta
Ellis). Trwy lwc, mi wnaethom ni ennill y cystadleuaeth. Aethom ni ymlaen
i Faes D yn yr Eisteddfod genedlaethol, ac mi enillon ni yno hefyd.*

Beth yw'r ots gennyf i am dreiglo? Damwain a hap
Yw fy mod yn eu defnyddio'n iawn. Mae'na wastad drap!

Yn ddim byd ond pryder mewn storiau neu, gynllun,
Yn creu trafferthion mewn traethawd a llwnc destun.

A phwy sy'n treiglo yn berffaith? Dwedwch i mi.
Pwy ond yr hen ysgolheigion? – nid chi a fi.

A mwydro am eu dysgu yn iawn wrth wneud fy ngwaith, Mae digon
o stomp, heb y rhain, dwi'n eu gwneud sawl gwaith.

Rwy wedi poeni ers talm am dreiglo yn iawn.
Treigladau erchyll, rhaid eu deall nhw n llawn.

Mi af am dro i glirio fy mhen yn y bore bach.
Allan i wres yr heulwen a mwynhau'r awyr iach.

A dyma fi yma – tywyllwch a dal ar goll.
Yn methu gafael yn y treigladau oll.

Dyma'r meddal a'i stwr, dyma'r trwynol a'i drafferth mawr,
Dyma'r llaes sy'n peri penbleth, ond wele'n nawr;

Dyma'r papur o'm blaen, darllen a chredwch chi fi,
Mae'r niwl yn raddol godi, ac yn wir i chi!

Rwy'n dechrau meddwl fy mod yn ennill y dydd.
Mae fy maich yn lleihau, fel yn yr haf hirddydd.
Ac mi deimlaf feichiau treigladau yn codi o'm pen.
A Duw a'm helpo, dwi wedi agor y llen!!

Fun with Mutations

This piece is based on a very well known poem in Wales, by T H Parry Williams – 'Hon'. It tells of something that is close to the hearts of all learners (and Welsh speakers as well!) – namely, mutations!

I wrote it just for fun when i was attending Welsh language evening classes in Ty Pendre in Mold. Our tutor at the time, Nesta Ellis, thought it would be a good piece for the group recitation competition in the North East Wales Learners' Eisteddfod. We formed a group of six, learned the piece, and actually won the competition. We also went on to compete on the Learners' field in that year's National Eisteddfod, and won that competition as well.

What do I care for mutations? It's just by accident
That I use them correctly, they are so abhorrent!

They are only a worry on plans and in stories.
Creating trouble in an essay with such ease.

Who can use them perfectly? I ask you.
Who but academics, not me or you.

Always worried about learning them while working.
There's enough trouble, without what they bring.

I've been worried for ages about mutating well,
Those awful mutations, that must be used so well.

I went for a walk to clear my head in the early morn,
Out in the warmth of the sun in the early dawn.

But here I am, still in the dark and oh so lost.
Failing to understand them all to my cost.

The soft mutation is confusing, the nasal a lot of trouble,
The aspirate is so awful – but wait – I think I'm over the hurdle,

I'm reading the paper in front of me, and I don't believe it.
The mist is gradually rising, slowly, bit by bit.

I'm starting to think that I've won the day.
My problems are leaving and gradually lifting away.
I can feel the burden of mutations leaving my head.
Thank the Lord – I'm no longer a blockhead!

Drysau Bywyd

*Ysgrifennais y gerdd hon, ar ffurf filanel, ar gyfer cystadleuaeth y Gadair yn
Eisteddfod Dysgwyr y Gogledd Ddwyrain yn 2011. Cynhaliwyd yr Eisteddfod yn
Wrecsam, ond ches i ddim lwc! Roedd y pwnc – Drysau – yn gwneud i mi feddwl
am ddrysau sy'n agor yn ein bywydau ac yn ein harwain i gyfeiriadau gwahanol.*

Sawl drws sy'n agor i'n bywydau?
I'n tywys ar drywydd gobeithiol.
A phob un efo gwahanol storïau!

Rhai da, rhai drwg, ond yn llawn o destunau.
Rhai drysau sy'n agor yn bwrpasol.
A rhai sy'n anwybyddu ein geiriau.

Trwyddynt cyfarfyddwn â gelynion a ffrindiau;
A hefyd pobl sy'n siarad lol!
Ond prin iawn y gwelwn drychinebau.

Sawl tro pan orweddwn ar welyau,
Yn feddylgar ac yn freuddwydiol.
Awn yn ôl i'n gyntaf dyddiau?

Ac yn nawr ein bywyd yn byrhau.
Tudalennau olaf ein cyfrol,
Yn cael eu hysgrifennu ar y papurau.

Gorweddwn ar ein gwelyau angau.
Y drws oedd ar agor yn fywiol,
Sy nawr yn cau ar ein gwendidau.
A thrigwn yn nefoedd ein cyndadau.

Doors of Life

I wrote this poem for the Chair competition in the North East Wales Learners' Eisteddfod in 2011, which was held in Wrexham, but i didn't have any luck! The subject – Drysau (or Doors) – led me to think of the many doors that open in our lives and lead in different directions.

How many doors are there in our lives,
That send us on hopeful journeys?
Through all of them we see different perspectives.

Some good, some bad, all with different objectives
As the doors open by degrees
We often ignore our own objectives.

Through them we meet friends and fugitives,
And those who seek to displease.
And so often we feel like captives.

How often when we reflect on our motives
Do we think of many stories
That take us back to the lives of primitives?

And now that we have fulfilled our objectives,
And are writing our final stories,
We again reflect on our motives.

Our last hours spent with relatives.
The last door closing on our glories.
We are now no longer captives
And are reunited with long-gone relatives.

Cosb (2011)

Dyma gerdd ysgrifennais fel gwaith cartref pan o'n i'n mynychu dosbarth nos yn Nhŷ Pendre' Yr Wyddgrug. O dro i dro, basau ein tiwtor, Nesta Ellis, yn canolbwyntio ar ryw agwedd gwahanol o ddiwylliant Cymreig e.e.. Hanes, llenyddiaeth, barddoniaeth ayyb. Mae cerdd hon yw fy amcan i o filanel, nid ffurf traddodiadol Cymreig, ond un dw i'n hoffi.

Tra'n gyrru trwy'r dre, ac ymestyn fy mys.
At un o'r dynion gorau y 'bois in bliw'.
'Dw i nawr yn ymddangos o flaen y llys!

Mae angen i mi nawr dorchi llewys,
A cael dweud fy nweud o flaen eu criw
'Dw i nawr yn ymddangos o flaen y llys!

Y geiriau hefyd, mawr ar fy nghrys,
Yn achosi pobl i edrych, heb siw na miw,
Ac felly, 'dw i yn y carchar yn ôl eu hewyllys

Cosb eithafol, dan reolau'r tribiwnlys,
Ond geiriau mawr yn rhoi halen yn y briw.
Ac felly, 'dw i yn y carchar yn ôl eu hewyllys!

Cymharais i'r slyms erchyll eu pencadlys.
Dyna pam 'dw i yn y stiw.
Ac 'dw i yn y carchar, yn ôl eu hewyllys!

Ac nawr fy nillad yn diferu o chwys.
A'm hwyneb wedi colli ei liw.
Felly, dyma fi o flaen y llys.
Ac 'dw i yn y carchar, yn ôl eu hewyllys!

Punishment (2011)

This is a poem i wrote for 'homework' when i was attending evening classes at Ty Pendre in Mold, and as part of a lesson on Welsh culture from our tutor, Nesta Ellis. From time to time in the class we would concentrate on different aspects of culture such as history, literature, poetry, etc. This particular one is a vilanelle: although not strictly a traditional Welsh form, it is a form i like.

While driving through town, i extended my finger
At one of our finest boys in blue.
And now it is in the court that i linger.

To answer this unfortunate slur
And have my say before this crew,
That is why in the court i linger.

The slogan on my shirt – now a blunder,
People looking to see what's new.
And so i'm in the court to face their anger.

A high price to pay in the chamber.
Those words put me in a stew.
And so i'm in court to face their anger.

It was an insult to the head copper.
That's why i'm in such a stew.
And now i'm in court after my capture.

My face lost its pallour
When i was caught by the boys in blue,
And now in the court i linger.
Standing here to face their anger.

Nant Gwepra (2011)

*Dyma soned ysgrifennais fel 'gwaith cartref' eto yn y
dosbarth nos. Mae'n sôn am nant Gwepra a'i daith
o droed castell Ewlo i lawr i'r afon Dyfrdwy*

Mae dwy nant yn sisial heibio'r castell,
Gan ymguddio yng nghoedwigoedd Gwepra.
Maent yn unig iawn ac mor anghysbell.
Dwy nant yn uno dan draed hen wylfa.
Ond un nant sy nawr, yn llifo'n dawel,
o dan fwa yr hen bont fwsoglyd.
Fel rhyw hen hwch yn palu ei sianel,
trwy galonau coedwigoedd mawnoglyd.
Ymlaen heibio wyneb yr hen argau,
oedd yn creu trydan i'r Plas cofiadwy.
Heibio'r dolydd sy nawr yn ystadau.
Dan bont y briffordd, i lawr i'r Ddyfrdwy.
Mae'r ddwy nant yn uno unwaith eto,
Trwy lifo dan y bont wedi'r crwydro.

Wepre Brook (2011)

Here is a sonnet i wrote, again as 'homework', in the Welsh evening class i was attending at the time. It follows the journey of Wepre Brook from below Ewloe castle to its meeting with the river Dee.

43

Two streams flowing past a castle's walls,
Lonely and hidden in the woods.
Two streams unite under ancient halls,
That stand alone and empty in the woods.
One stream now whispers on its way
Under a bridge and its moss-covered arch,
Past trees that in the breeze do sway.
Through quiet woods on its journey it does march.
Over the wall of an old dam it tumbles,
That once made electricity for a noble home.
Through meadows of concrete and bricks it fumbles,
And under a high street towards its new home.
Two streams united as one
Pass under a bridge and are now gone.

Nesta A'r Llungopïwr (2011)

Dyma gerdd arall ysgrifennais yn nosbarth nos Tŷ Pendref dan
ofal ein tiwtor Nesta Ellis. Roedd Nesta yn paratoi yn drylwyr am
ein dosbarth nos ac yn defnyddio'r llungopïwr yn Nhŷ Pendref
i wneud copïau o'r nodiadau i bob aelod o'r dosbarth. Pob hyn
a hyn basau Nesta yn cael rhyw fath o drafferth efo'r peiriant
– pwyso'r botwm anghywir, dim toner, dim papur ac ati. Felly
dyma fi yn mynd ati i gofnodi beth fasau'n digwydd weithiau.

Pan ddaw nos lun a 'dan ni yn y stŵr
Wedi gadael am y dosbarth heb waith cartref!
A Nesta wedi dweud tata i'w gŵr.

Wedi cyrraedd tŷ Pendref yn barod am y storïwr.
Ac yn barod am ddwy awr o ddioddef!
A Nesta wedi dweud tata i'w gŵr.

Cerdded i mewn fel rhyw hen uchelwr,
ac yn clywed sŵn erchyll, ac yn edrych i'r nef.
Ie, mae Nesta yn cael trafferth efo'r llungopïwr!

Chwip chwap, chwip chwap, yn edrych fel rhyw baffiwr.
Rhyw sŵn od yn dod o'r peiriant – fel erchyll lef.
Ie, mae Nesta wedi chwalu'r llungopïwr.

Mae'r alwad yn mynd allan am unrhyw dechnolegwr
i achub yr hen beiriant rhag dioddef.
Ie, mae Nesta wedi chwalu'r llungopïwr.

Ond er holl ymdrechion y gweithiwr.
Mae ysbryd y peiriant ar ei ffordd i'r nef!
Ac ar ôl dweud tata i'w gŵr,
mae Nesta wedi chwalu'r llungopïwr!

Nesta and the Photocopier (2011)

Here is another verse i wrote while attending Welsh language evening classes at Ty Pendref in Mold, with Nesta Ellis as our tutor. Nesta would always prepare thoroughly for the lessons and she used the photocopier in Ty Pendref to make copies of work for members of the class. From time to time something would go wrong with the photocopier – out of paper, paper jam, no toner, etc. And we could hear Nesta struggling to fix whatever problem it was. She would eventually fix the problem and the lesson would go ahead as usual. This is my attempt to record what went on.

When Monday night comes and we are in trouble,
Arriving in class with homework forgotten.
And Nesta has left home with a cuddle.

In the classroom we're all feeling dreadful
But all ready for our two-hour lesson.
And Nesta has left home with a cuddle.

She walks into the building so happy and cheerful
But soon looks so dreary and ashen
As the photocopier gives her so much trouble.

Biff, bash, biff, bash. She is having a battle
And a harsh sound comes from the engine!
As the photocopier gives her so much trouble.

A panicked call goes out for someone helpful
To come and save this inanimate Trojan
From its infernal un-winnable battle.

The engineer's efforts are all futile
And the photocopier has been beaten.
So after leaving home with a cuddle –
Nesta has caused a lot of trouble!

Ysbryd Y Tân (2011)

Cerdd eto o'r cyfnod pan roeddwn i'n dysgu Cymraeg yn Nhŷ Pendref, Yr Wyddgrug. Roeddem, fel dosbarth, yn darllen trwy ddarn o waith gan John Ceiriog Hughes. Dilyniant o gerddi o'r enw Alun Mabon. Mewn gwirionedd roeddem yn picio i mewn i'r darn dros gyfnod o sawl gwers. Yn un o'r gwersi hynny canodd y larwm tân ac roedd rhaid i bawb cerdded allan o'r adeilad ac yn aros y tu allan. Yn fuan daeth yr injan tân yno, ac ar ôl ymchwilio trwy'r adeilad i wneud yn siŵr bod popeth yn ddiogel, cytunodd y dynion tân ei bod hi'n iawn i ni fynd yn ôl i mewn i'r adeilad. Dyma fy amcan i ddisgrifio'r noson honno.

Canodd Nesta am 'Gwcw' nerth ei phen
Doedd pawb ddim eisiau canu yn y gân
Hedfanodd canu croch i'r ffurfafen.

Ni chlywodd Alun Mabon y seiren
Clywodd gwresogydd cân y gwcw lân
Gweddïodd hwnnw i'w Duw yn y nen.

Cododd y gwres i'r sensor uwch ei ben
Canodd y larwm tân ei swynol gân
Cerddodd dysgwyr allan i'r lleuad wen.

Daeth yr injan o'r orsaf fel mellten
Wrth weld yr injan fawr a'i seiren lân
Symudodd pawb rhag trigo yn y nen.

Chwiliodd y dynion tân trwy domen
Datryson y broblem, a doedd dim tân
Holl gyffro'r noson oer yn dod i ben.

Dychwelom mor dawel â llygoden
Ymunodd neb yng nghân y seiren lân
Clywodd Alun Mabon sŵn y seiren
A gwelodd pawb o dan y lleuad wen.

Spirit of the Fire (2011)

This is another piece that comes from the period when i was attending Welsh evening classes in Tŷ Pendref in Mold. In one particular lesson we were looking at a piece of work, a series of poems by John Ceiriog Hughes called 'Alun Mabon'. Suddenly, the fire alarm sounded and everyone had to evacuate the building. A fire engine came out and the firefighters searched the building and made sure everything was safe before letting us all back in. This is my attempt to record the events of that evening.

As Nesta gave her lesson well,
And we all listened intently
About Alun Mabon she did tell.

Then we all heard the sound of a bell.
It resounded like the cry of a banshee
As it continued its awful yell.

A detector had delivered this bombshell,
And the fire alarm sang with glee.
So calmly we left this noisy hell.

An engine came from its resting cell.
Lots of people did look and see
And moved away from the ringing bell.

Firefighters searched our learning cell,
And solved the problem with such glee,
So that we could return safe and well.

Back in class with a tale to tell,
Of the night that we all did flee.
Not from Alun Mabon, who we loved so well,
But from the awful noise of a fire bell.

Y Fflint

*Mae cerdd hon yn enghraifft o 'Triban', darn traddodiadol Cymreig o ardal
Gwent. Dyma rywbeth arall sy'n dod o'r cyfnod dosbarth nos yn Nhŷ Pendre
yn Yr Wyddgrug o gwmpas y Flwyddyn 2010 efo ein Tiwtor Nesta Ellis.*

Tra'n gyrru yma drwy' r gwynt,
Mi es i gyfeiriad Fflint.
Does gen i ddim syniad paham.
Dw i mewn jam a nawr dwi'n sgint!

Flint

This verse is an example of a 'Triban', a traditional Welsh form originally from the Gwent area. I wrote this when i was attending Welsh evening classes in Tŷ Pendre, Mold in about the year 2010, with Nesta Ellis as tutor.

49

While driving here at a sprint,
I turned towards Flint
I have no idea why,
But a lot I did buy, and now i'm skint!

Y Tymhorau

*Cyfres o gerddi ar ffurf 'Triban' sy'n sôn am y tymhorau
ac, i mi, beth sy'n arbennig amdanyn nhw.*

Tymor newid ydy'r Hydref,
Dail y coed ar lawr y pentref
A'radar bach yn dechrau mudo
Ninnau' n glyd yn clwydo adref.

Tymor garw wedi'r Haf
Dweud 'hwyl fawr' wrth dywydd braf
Anifeiliaid sy mewn trwmgwsg
Tywydd digwsg, gwynt sy'n gnaf.

Dyma'r Gwanwyn yn ei ôl
Glesni eto ar y ddôl.
Ŵyn yn prancio ar y meysydd,
Ac mae'r tywydd cynnes 'nôl.

Haul a gwres sy'n gwneud yr Haf.
Mae hi fod yn gynnes braf.
Gwynt a glaw sy'n llenwi'r dyddiau.
O! dw i'm heisiau bod yn glaf.

The Seasons

*Here is a series of poems in the Triban form about the
seasons and what, to me, is special about them.*

Autumn is a season of change
The trees start to look strange
And some birds have migrated.
We have acted our harvest to arrange.

Winter is a season cruel and cold
They feel it in their bones do the old.
Some wise creatures hibernate
But some are late and die so cold.

Spring returns with shooting buds
That escape the winter floods.
Lambs gambolling in the fields
And early yields of our favourite spuds

Summer brings sunshine and warm days?
When we can in our gardens laze.
But now comes wind and rain
And in vain we wait for sunrays.

Diwrnod (2009)

Dyma gerdd ysgrifennais ar gyfer cystadleuaeth y Gadair yn Eisteddfod Dysgwyr y Gogledd Ddwyrain, ond heb lwc. A dweud y gwir, dyma'r tro cyntaf cystadlais yn yr Eisteddfod efo darn o gerdd.

Mae niwl yn gorwedd yn y dyffryn,
Yn cuddio popeth o'i chwmpas.
Wrth aros am wyneb yr haul,
I ddangos ei chariad mor glir.

Yn araf mae bysedd yn ymestyn.
A llygaid yr haul yn agor.
Mae awel o'r mynydd yn helpu.
I dynnu hen elyn o'i thrysor.

Mae blodau'r rhedyn yn gwenu.
A phryfyn yn ddweud helo.
Mae adar yn hedfan o gwmpas.
Heb boeni am ddim wrth fwydo.

Ar y glaswellt mae defaid yn pori.
A'r haul yn cyrraedd ei brig.
Mae cymylau yn dechrau cyfarfod.
A'r diwrnod yn troi'n un dug.

Mae cymylau nawr yn cuddio'r haul
A'r glaw yn dechrau disgyn.
Mae adar a phryf yn cysgodi.
Ac mae glaw yn gwlychu'r rhedyn.

Mae haul wedi mynd tan yfory.
Cymylau wedi dweud ffarwel.
Golau lleuad yn goleuo'r dyffryn.
A phobman yn llonydd a thawel.

53

Daytime (2009)

This is a piece i wrote for the Chair competition in the North East Wales Learners' Eisteddfod, but without any luck. In fact, this was the first time i competed with a piece of poetry.

The mist envelops the valley,
Hiding everything from view.
Waiting for the warmth of the sun
To clear it away from the lovely land.

Slowly warm fingers extend
As the eyes of the sun are opened.
A breeze from the mountain helps
To clear the mist from the splendour.

Flowers and ferns start smiling
As butterflies dance on the breeze.
Birds are now flying and feeding
And their songs are heard far and wide.

Sheep are grazing on the pastures
As the sun reaches its height.
But clouds are slowly emerging
And stealing the light from the day.

Clouds are creeping across the sun,
And rain is starting to fall.
Birds and butterflies are sheltering
As the rain is filling the air.

The sun has now gone until tomorrow,
And the clouds have slowly dispersed.
Moonlight now fills the valley
And everywhere is quiet and still.

55

Bwthyn

Ysgrifennais y gerdd yma yn 2007 ar gyfer cystadleuaeth y Gadair yn Eisteddfod Dysgwyr y Gogledd Ddwyrain, ond ches i ddim lwc. Mae'n sôn am hen fwthyn bach sy'n cael ei dinistrio ar gyfer traffordd newydd.

Pelydrau yn disgyn o'r nefoedd;
Gwlith yn gloywi ar y gwellt.
Mae awel o'r bryniau yn dynner.
A'r adar yn hedfan fel mellt.

Hen fwthyn yng nghesail y mynydd.
Heb ddrws, na tho, na ffenestri!
Sy'n sefyll yn dawel ac yn unig.
'mond llech yr oesoedd am gwmni.

Mae glaswellt yn tyfu o'i gwmpas,
hen furiau di-arddwrn y bwthyn.
Mae nant yn sibrwd wrth basio,
ar ei ffordd i lawr i'r dyffryn.

Ond y nawr mae pethau yn newid.
Mae cynlluniau nawr yn barod.
Cyn bo hir bydd dim byd ar ôl.
Pan ddaw'r dynion i chwalu'r hafod.

Mae'r muriau yn rhan o'r sylfeini.
Dan olwynion y ceir ar eu taith,
ar draffordd dros y meysydd.
Yng nghesail y mynydd fel craith.

Mae pelydrau yn disgyn o'r nefoedd.
Ceir yn gloywi ar eu taith,
yr holl ffordd ar hyd y draffordd.
Yng nghesail y mynydd fel craith.

57

Cottage

This piece was written in 2007 for the Chair competition in the North East Wales Learners Eisteddfod, but i didn't have any luck. It tells of an old cottage that is pulled down to make way for a new duel carrigeway.

Sunshine descends from the heavens.
Morning dew glistens on the grasslands.
A gentle breeze blows from the hillside,
And birds fly over the farmlands.

In the shade of a mountain an old cottage,
Without doors or windows or a roof,
Has only the company of nature,
As it stands all alone and aloof.

The grass grows around and amongst
The old walls of this cottage,
And a stream murmurs past close by.
But no one walks on the old footbridge.

But now everything is changing
And plans have all been approved.
Soon there will be nothing left.
This place will soon be improved.

The walls will be part of foundations,
Under the wheels of thousands of cars.
On the motorway through this landscape.
In the shade of a mountain like scars.

Sunshine descends from the heavens.
While glistening on their journeys are cars,
Speeding along the new motorway.
In the shade of a mountain like scars!

59

Dysgwr Hynaf Yn Y Dre'

Mae darn yma yn mynd yn ôl i'r cyfnod yn y naw degau cynnar pan oeddwn i yn mynychu ysgol haf Dinbych. Mae hi wedi ei selio ar gân oedd yn y siartiau rhai blynyddoedd yn gynharach – The Oldest Swinger in Town gan Fred Wedlock.

Oeddwn i hoffi'r gân ddoniol yn fawr ac felly penderfynais ysgrifennu rhywbeth am ddysgu'r Gymraeg yn dilyn patrwm y gân.

Dechreuoch chi dysgu amser maith yn ôl
I groesi'r bont, dyna oedd eich gôl
Blynyddoedd wedyn a bron yn eich bedd
'Dach chi'n dysgwr hynaf yn y dre'

Cofioch athrawon a'ch ffrindiau oll
Blynyddoedd wedyn mae iaith dal ar goll
Ond does dim byd eto wedi symud eich cred
'Dach chi'n dysgwr hynaf yn y dre'

Cytgan:
  Wel dyma chi a'ch llyfrau nawr
  Are you going to learn? There is no way
  Ond mae gennych chi ysbryd fel cawr
  'Dach chi'n dysgwr hynaf yn y dre'

Ysgolion undydd 'dach chi wedi mwynhau
Eich iaith y nawr tipyn bach yn llai
Teithioch y gwlad ei hyd ar led
'Dach chi'n dysgwr hynaf yn y dre'

Nant Gwrtheyrn a chyrsiau iaith
'Dach chi wedi trio llawer iawn o waith
Does neb yn siwr beth sy yn dêg
'Dach chi'n dysgwr hynaf yn y dre'

Cytgan

Catchphrase un, dau a thri
Who knows how long it's going to be
Cyn i chi meistroli iaith y nef
'Dach chi'n dysgwr hynaf yn y dref

Now you're talking all across the land
Mae pobl newydd yn dysgu efo ni
Does dim angen symud eich sedd
'Dach chi'n dysgwr hynaf yn y dref

Cytgan

Disgyblion newydd i gyd yn iau
Pob un gwell, hyd yn oed eich nai
'Dach chi eisiau nawr hitio'r medd
'Dach chi'n dysgwr hynaf yn y dref

Crwydro maes yr eisteddfod nawr
Deall pob gair ac yn teimlo fel cawr
Deffro yn sydyn – ie dim ond hunllef
'Dach chi'n dysgwr hynaf yn y dref

Cytgan X 2

The Oldest Learner In Town

This piece goes all the way back to the period in the early 1990s when i was going to Welsh language summer schools in Denbigh. It is based on a song that was in the charts a few years earlier – 'The oldest Swinger in Town' by Fred Wedlock. This was a song that i liked very much and so decided to write something about learning Welsh and try to follow the same pattern.

When you started you were such a pest,
But to cross the bridge was your only quest.
So long ago, you've forgotten when!
Now you're the oldest learner in town.

Remember the tutors and all your friends.
Decades ago but it never ends,
And nothing yet has shaken your belief.
But you're the oldest learner in town.

Chorus: *Here you are with all of your books.*
Are you going to learn? You're starting to frown.
But you've got notes and all your textbooks,
And you're the oldest learner in town.

Those one-day schools and the money you paid,
But the language now is starting to fade!
Even though you've gone across the land,
You're the oldest learner in town.

Nant Gwrtheyrn, you've been there a lot!
So many times, you feel like a clot.
You're not so sure how much has sunk in.
And you're the oldest learner in town.

Catchphrase courses one, two and three.
Who knows how long it's going to be?
Before it all starts to slot into place.
And you're the oldest learner in town.

Now you're talking all across the land.
People are learning, Welsh is in demand.
And now you're almost starting to drown.
Because you're the oldest learner in town.

Chorus

All the new starters are younger than you.
They're all better, but what can you do?
So now you start your sorrows to drown.
Because you're the oldest learner in town.

You wander around the Eisteddfod field.
Understanding it all, and then you squeal.
It's only a dream, and you feel like a clown.
And you're the oldest learner in town!

Chorus X 2

Oes Gobaith? Cymraeg

*Cafodd y darn yma ei hysgrifennu eto yn y cyfnod pan o'n i'n mynychu'r
ysgol haf Dinbych. Mae'n sôn am y frwydr achub yr iaith Cymraeg.*

Gwn roedd ein hiaith ar fin marw,
ar ôl canrifoedd yn ein gwlad.
Dan bwysau mewnfudwyr garw,
doedd dim gobaith heblaw rhyddhad.

Pe bai ein tadau yn dod yn ôl,
beth fasen nhw'n meddwl nawr?
Heb fawr o ddim nawr ar ôl.
A'n cenedl nhw yn ei holaf awr.

Ond heddiw mae newid yn yr awel.
Ar ôl blynyddoedd o segurdod.
Pan oedd popeth a phawb yn dawel.
Gwyddom ein hamser wedi dod.

Mae olwyn yn troi yn araf,
i lawr y ffordd gul a hir.
Gwyddom am heddiw o leiaf,
fod ein taith fawr yn glir!

Is There Hope? (Welsh Language)

Another early work from the period when i was attending Welsh language summer schools in Denbigh. It is about the battle to save the Welsh language.

We know our language is dying
After centuries soothing our land
Under the pressures the Saxons bring,
But we must act and make a stand.

If our forefathers were to come back,
What would they think of our plight?
We are weak, our language on the rack,
But have we given up the fight?

For today a change is in the air
After years of hiding away,
When our people did not care,
But now it is time to join the fray.

The wheel is slowly turning
Down the road so narrow and long.
Who knows what the future will bring,
So let's fill our hearts with song!

Oes Gobaith? (Llygredd)

*Dyma un o'm gerddi cynnar a ysgrifennais yn y cyfnod pan o'n i'n mynychu
ysgol haf yn Ninbych. Ar y pryd, o'n i'n meddwl am yr holl lygredd yn y byd.*

Heddiw gan wylio'r teledu,
mi welais drafferthion drwg.
Nid rhyfel na newyn sy'n haeddu,
ond rhywbeth sy dal yn y mwg.

Wyddoch am y llygredd o gwmpas,
tra mae byd yn mynd ymlaen.
Y gwenwyn yn y moroedd las,
a'r coedwigoedd sy nawr dan straen.

Oes rhywbeth i wneud am newid?
Cyn mae'r byd yn dechrau marw.
Mae'n rhaid bod gwangalondid,
yn gadael pan ddeffrown a galw.

Ond mae pethau'n dechrau gwella,
ac mae gobaith dros y byd.
Tra'r llygredd dal yn atgoffa,
mae llawer o waith o hyd.

Is There Hope? (Pollution)

This is one of my earlier works, which was written in the period during the early 1990's when i was attending Welsh language summer schools in Denbigh.

Today while watching the box
I saw some nasty troubles.
It's not war or famine that shocks
But something that still baffles.

How I know of the pollution around me
While the world still spins around,
The plastic and poison that go to the sea
And the forests are losing their ground.

Is there anything we can do to change
Before our world comes to an end?
The feeling in my heart is so strange
Then leaves when the world has a friend.

But things are slowly improving
And now there is hope and a will,
But the pollution is there reminding
There is much to be done still.

Pererindod

Ysgrifennais y gerdd yma 'nôl yn y naw degau cynnar pan o'n i'n mynychu ysgol haf yn Ninbych. Rhai blynyddoedd cyn yr ysgol haf roeddwn i wedi aros yn Nant Gwrtheyrn am benwythnos. Mae Nant Gwrtheyrn yn ganolfan dysgu Cymraeg sy'n sefyll ar arfordir gogleddol penrhyn Llŷn. Pentref chwareli oedd hi yn wreiddiol ond dros amser gadawodd y pentrefwyr i gyd. Ar ôl rhai blynyddoedd creodd canolfan dysgu Cymraeg yno.

Tra o'n i'n aros yno clywais am Lwybr y Pererinion dros benrhyn Llŷn i Ynys Enlli. (Yn yr oesoedd canol roedd tair taith i Ynys Enlli yn gyfartal ag un daith i Rufain.) Roedd y daith dros y penrhyn yn dechrau yng Nghlynnog Fawr.

Beuno Sant o wrando nawr i leisiau pobl ffyddlon.
Dyma ni yn dod yn llu i ddechrau pererindod.
I Benrhyn Llŷn mi ddaethom ni i ddilyn y merthyron.
Ein daeth o'm blaen yn ddechrau nawr ac wyt ti yn ein gwarchod.

Cytgan: *O Glynnog Fawr ddechreuom ni ar daith i Ynys Enlli.*
Dros Benrhyn Llŷn mi gerddom ni a chroesom ni 'r cenlli.

O Glynnog Fawr i lawr y ffordd trwy Lithfaen hyd at Bistyll.
Mewn capel bach arhosom ni i ganmol a gweddïo.
Roedd lle i aros gyda'r nos yn y fynachlog neu'r gwersyll Pentrefwyr
oedd yn gwerthu bwyd doedd dim angen rhuthro.

Cytgan

Daeth bore gwyn a dyma ni yn dechrau unwaith eto.
Nefyn, Edern, mae ffordd yn gul. Tudweiliog, Llangwnnadl.
Lle i aros dros y nos cyn dilyn sanctaidd Beuno.
Mae pawb yn fodlon mynd ymlaen, does neb yn ein gwrthdaro.

Cytgan

Mae Aberdaron i lawr y ffordd ac eglwys Hywyn Sant.
Addolom ni ynddi hi cyn mynd ymlaen i Enlli.
Ar lan y môr mae awyr iach ac amser i gael seibiant.
Mewn cychod bach eisteddom ni ac aethom dros y cenlli.

Cytgan

Pilgrimage

This is a piece i wrote way back in the early 1990s during a period when i was attending Welsh language summer schools in Denbigh. A few years before this, i had spent a weekend at Nant Gwrtheyrn, an old adandoned quarrying village on the north coast of the Llŷn peninsula. Sometime after all the villagers had left it was turned into a centre for learning Welsh. While there, i learned about the Pilgrims Way, a path followed by pilgrims across the Llŷn peninsula from Clynnog Fawr to Ynys Enlli (Bardsey Island). In the middle ages it was said that three journeys to Ynys Enlli (Bardsey Island) were equal to one journey to Rome!

Beuno Sant, listen now to voices of the faithful.
All as one, we've come to start our journey.
We come to Llyn to follow those so peaceful
Our path is long , but we follow you so freely.

Chorus: From Clynnog Fawr we go as one to Enlli
Across the Llyn we follow you so freely.

Clynnog Fawr, down the road at Pistyll we will rest.
In the small chapel we rejoice that you are with us.
We stay the night and are happy to be blessed
The people give us food and are so kind and gracious.

Chorus

In the early morn we start again and still have far to go. Nefyn,
Edern, the narrow road. Tudweiliog, Llangwnadl.
Another night and we still follow Beuno.
Your faithful still walk on and arrive in Llangwnadl.

Chorus

Aberdaron down the road and there is Hywyn's Church.
We worship there before we go to the little isle of Enlli.
On the shore before we go we've almost done our search
The small boats there we sat in and went across the sea.

Chorus

Ysgol Haf Denbigh

Mae darn yma wedi'i selio ar y gân 'Johnny Be Good' gan Chuck Berry. Dyma ddarn arall ysgrifennais i pan oeddwn i fynychu ysgol haf yn Ninbych. Pryd hynny ar ddiwedd y wythnos roedden nhw'n tueddu cynnal noson lawen efo'r dysgwyr eu hunain yn gwneud pethau ar y llwyfan e.e.. sgets, canu, adrodd, rhywbeth doniol ayyb. Un blwyddyn penderfynodd tri ohonom ni i wneud rhywbeth i gloi'r noson. Felly ysgrifennais i'r darn yma ac mi berfformion ni'r darn ar y noson efo fi yn canu, un ar yr allweddellau ac un arall ar y gitâr. Wnaethom ni ei mwynhau, 'dw'n i ddim am bawb arall!!

Dan ni wedi bod yn ysgol haf Denbigh
Dan ofal Tiwtor Drefnydd Mr Ioan T
Dyma ddiwrnod olaf ein hwythnos ni
Ond does dim tristwch amdani hi.

Dewch, dewch, dewch Ioan T.
Dewch, dewch, dewch ddysgu ni.

'Dan ni wedi bod yn dysgu efo Glenys G.
Mil o bethau am ein gwlad Cymru.
Mwynhau'r wythnos pawb i gyd.
A dyma ein cân fach i'w chanmol hi.

Dewch, dewch, dewch Ioan T
Dewch, dewch, dewch ddysguni.

Dod yn ôl blwyddyn nesa' penderfynon ni.
Dewch, dewch, dewch ein cyd dysgwyr ni.
Dewch, dewch 'wnewch chi ddysgwyr i gyd
Dywedwch ddiolch i'n hathrawon i gyd.

Dewch, dewch, dewch Ioan T
Dewch, dewch, dewch ddysgni.

Denbigh Summer School

This piece is based on the song 'Johnny Be Good' by Chuck Berry. It was written during the period in the early 1990s when i was attending Welsh language summer schools in Denbigh. Usually, at the end of the week a 'noson lawen', literally a merry evening, would take place, and the learners themselves would get up on stage to either sing, recite a poem, perform a sketch, etc. One year, three of us decided to do something and so i wrote some appropriate words in Welsh to the tune 'Johnny Be Good' and we performed it on the night with me singing, one of us on the keyboards and one on guitar. We enjoyed it even if nobody else did!!

For summer school we went to Denbigh
Overseen by the main man Ioan T
Now here we are on our last day
We're so sad we all must say.

Come, come, come, Ioan T
Come, come, come to Denbigh.

We have been learning with Glenys G
Lots of things about Cymru
We've all enjoyed our week in here
And now we leave in such good cheer.

Come, come, come, Ioan T
Come, come, come to Denbigh.

We've all agreed to come next year
Because we're leaving with a little tear.
Fellow learners come back next year
But now give our tutors one last big cheer.

Come, come, come, Ioan T
Come, come, come to Denbigh.

Ffarwel Fy Nghariad

*Cân arall sy'n dod o'r cyfnod pan oeddwn i'n mynychu
ysgol haf Dinbych. Y tro yma ces i fy ysbrydoliaeth
o'r gân Saesneg 'The Leaving of Liverpool'*

Ffarwel fy nghariad rwy'n canu'n iach.
Rwy'n mynd ar daith gyda'r wawr.
Paid crio nawr f'anwylyd bach,
Ond rwy'n addo mi ddôi yn ôl

Cytgan

Ffarwel i ti fy nghariad bach,
Wnei di aros amdanaf i.
Mae dŵr yr harbwr sy fel y drych
Lle 'dw i'n gweld dy wyneb di.

Wrth fy ngwaith i drin yr hwyliau mawr,
o fy 'mlaen yw'r moroedd dwfn.
Yn erbyn y gwynt, drwy 'r nos tan y wawr,
Mae llong yn hwylio ymlaen.

Cytgan

Nes cyrhaeddom hafan ar fin y don,
hebot ti rwy 'n teimlo 'n drist.
Yn fy meddwl mai dy wyneb llon.
Sy 'n gwenu bob dydd a nos.

Cytgan

Uwch fy mhen yn hedfan mae wylan wen
yn galw draw dros y môr.
Dim ond un peth nawr sy yn fy mhen,
fy mod i'n haddo i ddod yn ôl

Cytgan

Farewell My Love

This is another song that comes from the time i was attending Welsh language summer schools in Denbigh. This time i was inspired to write my own Welsh words to the English sea song 'The Leaving of Liverpool'.

Farewell to you my lovely girl,
Will you promise to wait for me?
I go away with my head in a twirl
As i sail across the sea.

Chorus: *Farewell to you my own true love,*
My ship it sails on the dawn.
Don't grieve too long, my little dove,
It won't be long before i return.

I trim the sails, the ship goes on,
Ahead are deep cruel seas.
Against the wind from night till dawn
We sail along with ease.

Chorus

We are safe at rest in the harbour now.
Without you i'm feeling lost.
You're on my mind, and i'll make a vow
To return before the frost.

Chorus

Overhead the seagulls are flying high,
And calling across the sea.
One thing now is making me sigh
But i'll soon be home with thee.

Chorus

Mae'n Hawdd I Ddysgu!

Un arall sy'n dod o gyfnod pan oeddwn i'n mynychu ysgol haf yn Ninbych. Mae darn yma wedi ei selio ar gân oedd yn bodoli yn yr wythdegau. Cân o America (canu gwlad) gan Mac Davis – 'Oh, Lord it's Hard to be Humble'. Mae'n sôn am dreialon dysgu Cymraeg.

O Dduw mae'n hawdd i ddysgu,
Am rywun sy'n berffaith fel fi.
Pob iaith sy'n llenwi'r ddaear,
Siapanaeg, Ffrangeg neu Fagyar.
Ond mae rhaid imi ddechrau yn rywle,
Pa le gwell nag iaith fy nghartre'

'R ôl un wers 'dw i ddim yn poeni.
Achos mae pethau yn easy peasy.
Helo, Sut 'dach chi? 'dw i'n weddol,
O ble 'dach chi'n dod yn wreiddiol?
'dw i'n falch dechreuais i ddysgu.
Ond nawr 'dw i'n methu cysgu!

Dechreuais i'n dda – ond sioc fawr,
Pan edrychais i dan y clawr.
Mi welais i rywbeth sy'n ofni
pob person sy'n dechrau dysgu –
Treigladau, treigladau, treigladau.
Mwy a mwy o dreigladau!

Mae rhaid imi newid fy meddwl.
'Dyw hi ddim mor hawdd o gwbl!
Treiglad meddal, trwynol a leisiol,
i gyd yn achosi trwbl.
Nawr 'dw i'n dechrau synnu,
Am newid a dysgu Swahili!!

Oh Lord, This Learning Is Easy!

This is another piece from the period i was attending the Welsh summer schools in Denbigh. It's based a country song that was around in the 1980s by Mac Davis – 'Oh, Lord it's Hard to be Humble'. It tells of the trials of learning Welsh!

Oh Lord, this learning is easy
For someone as perfect as me!
Every tongue upon this planet,
Even those that cause some upset.
There are many different trails,
So i'll start with the language of Wales!

Lesson one is not a problem.
Because i am oh so awesome!
Helo, sut dach chi, dw i'n weddol.
O ble dach chi'n dod yn wreiddiol?
I'm so pleased i've taken the leap
But it's getting harder to sleep!

It began so well, but i started to err
When i had a look under the cover.
I saw something that frightens
All learners under the heavens –
Mutations, mutations, mutations!
More and more mutations!

Things are bad, i'm starting to fall.
And this learning's not easy at all.
All of these silly mutations.
That cause so many frustrations.
The time has come for me to flee,
And start to learn Swahili!!

Cymru

Unwaith eto mae cerdd yma yn dod o'r cyfnod pan oeddwn i'n mynychu ysgol haf Dinbych. Mae'n sôn am ymdrechion Cymru i ddianc rhag Lloegr. I fod yn onest, dw i ddim yn siŵr beth oedd yn fy meddwl ar y pryd, efallai oeddwn i eisiau defnyddio cymaint o eiriau 'barddonol' a phosibl!

Paradwys berffaith y prydyddion.
Cartref cyfforddus y Gymru.
Diofal dan ddallter deddfol.
Sy' nawr yn dechrau deffro.

Petai'n protestio yn boenus.
Cyseiniau cytûn ein cytundeb.
Llwyddo llywodraeth lewyrchus.
Dros Gymru gyfan. Llwyfan llên.

Arwyr achau yn awyddus.
Goleuni gwynfyd fel gorlif.
Sy'n effeithio elwa fel ellyn.
Bydd newid yn dod yn fuan!

Aroglau awyr ein hardal.
Gwasgu gwawr fel gwregys.
Ein dyddiau diofal drosodd.
Mae Cymru yn awr yn deffro!

Wales

*Once again, another piece that comes from the time i was going to the Denbigh
Welsh summer school. It tells of the struggles of Wales to shake off the yoke of
England. To be honest, i don't know what i was thinking at the time; maybe
i just wanted to use as many big, bardic sounding Welsh words as i could!*

A perfect paradise of poets,
Comfortable home of the Welsh
Suffering under legal blindness
Who are now starting to stir.

If we were to painfully protest
About alterations to our agreements
Then successful governments would succeed
Over all of Wales and its literary stage.

Heroes of the ages are eager
To flood our paradise with light
That will furnish our success with a razor
And a change will come quickly.

The breath of our land's heroes
Crushes giants so tightly.
Our days of suffering are over.
Wales has now awoken!

Y Mabinogi

Un darn arall o'r cyfnod pan oeddwn i'n mynychu ysgol
haf Dinbych. Mae'n sôn am 'Y Mabinogi' chwedleuon
o'r cyfnod cynnar iawn yn hanes Cymru.

Straeon o ddawn ein bardd gan fwya'
Gwaith cenhedlaeth a llu o'r gora'
Bod cerdd a chân, hanes Cymru lân.
Dyma'r Mabinogi, llawlyfr ein cyndada'

Pedair cainc. Pwyll, Branwen, Manawydan a Math.
I gyd yn llawn arwyr a'i fath.
Canrifoedd yn ôl eu hantur oll.
Go iawn, breuddwydiol – Pwy a ŵyr pa fath?

Rhwng cyfnod Rhufain a llywodraeth y Norman.
Roedd rhamant yr oes a'i hud ym mhob man.
Twyllo, marwolaeth, canu a phriodas.
Hud y dewiniaid mor feddal â sidan!

Nid papur a phensil ond llais ar lafar.
Dywedant yr hanes yn yr oesoedd cynnar.
Collent rywfaint i ddilyn gwaith papur.
Ond daethant yn ôl heb fawr o bryder.

The Mabinogion

Yet another piece from the period when i was attending Welsh language summer schools in Denbigh. This is about The Mabinogion, *a book of legendary tales from a very early period in Welsh history.*

83

Stories mainly from the work of our poets,
Generations of work with lots of plaudits.
Every verse and song a history of Wales:
This is the Mabinogion resounding from pulpits.

Four branches, Pwyll, Branwen, Manawydan and Math,
Full of heroes on a well-trodden path,
These centuries-old tales of their deeds
Real or imagined and of their wrath.

Between the days of Rome and Norman rule,
Love and romance are the stories' fuel.
Cheating, death, love and marriage
And magic was the wizard's tool.

No pen or paper but verse and voice
Told of the deeds that gave them no choice.
Some things were lost when writing came in,
But a lot was kept and in that we rejoice!

Llên Ficro

Darganfod Siôn Corn, Gwersylla, Gwesty Moethus, Gwyliau, Plasty Crand, Diwrnod y Daffs.

Dyma chwech o ddarnau mewn ffurf llên ficro. Ysgrifennais y darnau yma fel gwaith cartref pan oeddwn i'n dilyn cwrs Cymraeg (Tystysgrif Mewn Cymraeg fel Ail Iaith) yng ngholeg Cartrefle, Wrecsam.

Mewn rhai gwersi, basau'r tiwtor yn egluro rhestr o hyd at ddeg dywediad Cymraeg i'r dosbarth ac yn gofyn i ni ysgrifennu brawddeg am bob un fel gwaith cartref erbyn yr wythnos wedyn.

Roedd hynny, i mi beth bynnag, ar ôl dwy neu tair gwaith, braidd yn ddiflas. Felly, penderfynais drio ysgrifennu stori fêr yn cynnwys y dywediadau. Mae chwe darn yma yn rhai o'r straeon hynny, ac mae un mewn ffurf llythyr.

'Dw i wedi tanlinellu'r dywediadau yn y straeon sy'n dilyn.

Micro Literature

Discovering Father Christmas, Camping, A Splendid Hotel, Holidays, A Grand Place, Day of the Daffs.

Here are six short stories that i wrote when i was following a course in Cartrefle college, Wrexham for the Certificate in Welsh as a Second Language.

In some of the lessons the tutor would explain the meanings of a series of Welsh phrases or sayings. Then they would ask us to write ten sentences, one sentence for each phrase or saying, for homework. This was fine for two or three times but started to get boring, so i decided to try and include these sayings and phrases in short stories.

I have underlined the phrases and sayings in the Welsh versions of the following stories.

Darganfod Siôn Corn

ROEDD HI'N NOSON cyn dolig ac roedd popeth mor dawel â llygoden eglwys yn nüwch y nos.

Penderfynodd y bychan, yn gynharach y diwrnod hwnnw, i guddio, ac wedyn dilyn y dyn mawr pan ddaeth y noson honno. Ddylai hynny fod yn hawdd iddo oherwydd roedd o'r rhedwr gorau yn ei ysgol ar ôl rhedeg nerth ei ben i ennill y ras pedwar can medr – ac roedd Siôn Corn yn hen ddyn yn ei gwman.

Toc wedi hanner nos dyma swn y drws ffrwnt yn agor. Cyn gynted a phosib dyma'r bychan yn rhuthro at y drws, ond siom, mi faglodd dros ei ben ei glustiau wrth fynd dros garreg y drws.

Pan gododd, gwelodd rhywbeth yn diflanu dros y gorwel pell.

Tu ôl iddo roedd ei fam a'i dad yn chwerthin nerth eu pennau ar giamocs eu plentyn. Ond roedd gan ei dad lasiaid o win a mins pei!!

Discovering Father Christmas

IT WAS CHRISTMAS Eve and everything was as quiet as a mouse in the darkness of the night.

The little child had, earlier that day, decided to hide and then to follow the big man when he came that night. It should be easy for him, because he was the fastest runner in his school after running as fast as he could to win the 400 metre race – and Father Christmas was an old man!

A little after midnight, he heard the sound of the front door opening. As quick as a flash, the little child raced to the front door, only to be met with disappointment as he fell head over heels, going over the doorstep.

When he got up, he saw something disappearing over the horizon.

Behind him, his mother and father were laughing their heads off at the antics of their little boy. But his father was holding a glass of wine and a mince pie!!

Gwersylla

WEL, DYMA FI o'r diwedd, wedi codi pabell. Amser am baned a thipyn bach i fwyta cyn cysgu.

O diar, dim ond pecyn o gawl sy yn y bag, a dim llefrith. Felly, te heb lefrith a chawl am swper.

Wel, o leiaf mae bag cysgu yn iawn. Mae'n well imi drio cysgu. Dim llawer o gwsg, gormod o sun gan anifeiliaid y nos.

Mae'n dechrau glawio hefyd, ac mae dwr yn dod i mewn i'r babell.

Dw i ddim wedi cael llond bol o fwyd, ond dw i wedi cael llond bol o'r noson yma!!

Camping

WELL, HERE I am at last, the tent is up! Time for a cup of tea and a bite to eat before bedtime.

Oh dear, there's only a packet of soup in my bag, and no milk. So, it's tea without milk and a bowl of soup for supper.

Well, at least my sleeping bag is okay. I'd better try to get some sleep now.

I didn't get much sleep; there was too much noise from some animals last night!

It's starting to rain now, and the water is coming into the tent!

I haven't had my fill of food, but I've had my fill of this night!!

Gwesty Moethus?

ROEDD Y GLAW yn tywallt i lawr yn ofnadwy ac roedd o'n swnllyd wrth guro to'r gwesty.

Meddyliodd y dyn yn y gwely ei bod hi'n bwysig iddo gael cwsg da'r noson honno, ond roedd y glaw yn ddiawledig yn stido bwrw. Cafodd o ginio blasus yn gynharach yn y noson a wnaeth o chwarae gemau plentynnaidd efo'i ffrindiau.

Roedd o'n falch o gael gwyliau yn rhywle pell i ffwrdd o'r dref ddiwydiannol lle'r oedd o'n byw.

Heno roedd noson olaf o'i gwyliau ac oherwydd ei fod o'n gadael yn gynnar yn y bore roedd rhaid iddo fo gysgu rwan.

Ond oherwydd y glaw a'i atgofion euraidd o'r amser bywiog roedd o wedi ei threulio yn y carchar hwnnw doedd o ddim yn gallu cysgu. Beth bynnag, roedd o'n ganmoladwy o bawb o'r staff dros y pum mlynedd diwethaf!

A Splendid Hotel?

THE RAIN WAS really pouring down and made a terrible noise as it hit the roof of the hotel.

The man on his bed thought that it was important to have a good sleep that night, but the rain was dreadful and was lashing down. He had had a tasty meal earlier that night and had played some childish games with his friends.

He was glad to have a holiday far away from the industrial town that he called home.

Tonight was the last night of his holiday and because he was leaving early in the morning he had better get some sleep now.

But because of the rain and his golden memories of the lively time he had spent in that gaol, he was unable to sleep. Anyway, he was full of praise for the staff over the last five years!!

Gwyliau

ROEDD GOLYGFA DROS y bae yn wych pan edrychodd Maldwyn allan o'r ffenest y gwesty. Yn sydyn gweiddodd ei wraig 'Tyrd i lawr am frecwast rwan', cyn aeth hi o'r golwg trwy'r drws yr ystafell.

Pan aeth Maldwyn i mewn i'r stafell bwyta doedd dim golwg o'i wraig yn unman, felly eisteddodd i lawr ac edrychodd yn graff ar y fwydlen. Cyn bo hir daeth ei wraig i mewn efo dyn golygus, ac mi gerddon nhw syth ato fo. Wrth ei golwg, roedd o'n edrych yn reit syml i wraig Maldwyn. 'Dyma fy mrawd' dwedodd ei wraig, 'mae o a'i wraig yn ymweld â'r ardal hefyd'. Yn sydyn daeth syniad i Maldwyn, 'beth am fynd am dro ar y traeth, mae'n ddiwrnod hyfryd'. 'Dw i'n cytuno a chi' meddai brawd ei wraig, 'mae'n ddiwrnod bendigedig'.

Holidays

THE VIEW ACROSS the bay was so lovely when Maldwyn looked out of the hotel window. Suddenly his wife shouted, 'Come down for breakfast now,' before disappearing through the door.

When Maldwyn got to the dining room, there was no sign of his wife anywhere, so he sat down and had a good look at the menu. Before long his wife came in with a handsome man, and they walked straight towards him. Judging by his appearance, he looked very similar to Maldwyn's wife. 'This is my brother,' said his wife. 'He and his wife are visiting this area as well.' Suddenly, Maldwyn had an idea: 'Why not go for a walk on the beach, it's a lovely day.' 'I agree,' said his wife's brother, 'it's a fantastic day.'

Plasty Crand

DWEDODD GOFALWR Y plasty ei bod hi fel y ffair trwy'r dydd efo ymwelwyr yn edrych o gwmpas y lle. Roedd y parti ysgol yn arbennig, yn mynd o stafell i stafell yn ddi stop.

Ar ôl gweld pawb yn mynd adref, dyma fo'n cloi giât yr ardd, cau pob ffenestr a drws, a chloi drws ffrwnt sy fel haearn Sbaen – bydd neb yn dod i mewn heno. Felly, aeth o ar ei rowndiau, ac roedd pobman fel y bedd.

Yn fuan, daeth o i'r seler yn gyntaf a pan agorodd y drws roedd hi fel bol buwch, doedd y golau ddim yn gweithio. Yn sydyn mi welodd o ysbryd merch ifanc, a thro ei wyneb fel y galchen. Roedd hi'n edrych fel styllen yn ei choban hen ffasiwn a het fel pechod yn perthyn i oes arall. Pan ddwedodd wrth ei rheolwr am y profiad doedd hwnnw ddim yn ei gredu, ond roedd y gofalwr yn mynnu ei bod o fel sant y noson gynt.

A Grand Place

THE CARETAKER OF the grand house said it had been as busy as ever through the day, with visitors looking around the place. The school party, especially, had gone from room to room non-stop.

After seeing everyone going home, he locked the yard gate, closed all the windows and doors, and locked the front door, which was as hard as steel – no one else will come in tonight! Then, he went on his rounds, and everywhere was as quiet as a grave!

Soon, he came to the cellar, and when he opened the door it was as black as pitch; the lights were not working. Suddenly, he saw a ghostly figure of a young girl, and his face turned white. She looked as thin as a rake in her old-fashioned nightdress and hat that belonged to another age.

When he told his manager about his experience, he was not believed, but the caretaker insisted that he hadn't touched a drop of alcohol that night!!

Diwrnod Y Daffs

ANNWYL SYR,

Ysgrifennaf ynglŷn â bylbiau cenhinen Pedr brynais yn eich canolfan garddio rhyw fis yn ôl.

Pan agorwyd y pecyn adref sylweddolais fod rhai ohonynt wedi pydru, Beth bynnag, plannais y rhai oedd ar ôl, yn ôl y rheolau, ac arhosais am y canlyniadau.

Dechreuodd y bylbiau dyfu wythnos wedyn ond yn gyflym iawn. Ar ôl tridiau roeddent chwe throedfedd o leiaf ac yn edrych yn eithaf od. Roedd y blodau yn fath hyfryd o felyn, a'u coesau'n wyrdd. Ond erbyn hyn maen nhw'n gallu symud o gwmpas yr ardd ac yn gwneud sŵn od.

Ers wythnos dydw i ddim wedi gweld fy ngwraig na fy nghi, ac mae'n rhaid imi ddweud fy mod i'n caru'r ci hwnnw.

Oes modd i chi ddod i'n tŷ i roi cyngor i mi am y genhinen Pedr 'ma, neu anfon fy arian yn ôl er mwyn i mi brynu ci newydd.

Yr eiddoch yn obeithiol,

Horys ap Wmffre.

Day of the Daffs

DEAR SIR,

I write to you concerning the daffodil bulbs i bought in your garden centre about a month ago.

When i opened the packet at home i noticed that some of them were rotten. I planted those that were left, according to the instructions, and waited for the results.

The plants started to grow only about a week later, and they grew very quickly! After three more days they were at least six feet high and looked rather odd. The flowers were a lovely shade of yellow and their stems were a dark green. By now they are also able to move around the garden and they make a rather odd noise.

It's been a week since i last saw my wife and dog, and i must confess that i really do miss the dog!

Is there any way that you can come to my house to give me some advice about these daffodils? Or at least give me a refund so that i can buy a new dog!

Yours hopefully,

Horys ap Wmffre

Horys Ap Wmffre

Ysgrifennais y darn yma pan oeddwn i'n dilyn cwrs y Dystysgrif yng ngholeg Cartrefle, Wrecsam. Pryd hynny, tua diwedd yr wythdegau, dechrau'r nawdegau yn y ganrif ddiwethaf, roedd tiwtoriaid yn cynhyrchu cylchgrawn ar gyfer dysgwyr o'r enw 'Prentis'. Roedd y cylchgrawn yn cynnwys amryw erthyglau a straeon difyr a digri gan ddysgwyr a Chymry Cymraeg.

Felly, ysgrifennais yr erthygl yma ar gyfer Prentis *am gymeriad 'go iawn' oedd yn byw rhywle yn 'the wilds of Wales.'*

Hanesion Cymro i'r Carn

Helo 'na! Horys ap Wmffre ydw i. 'Dw i wedi 'sgwennu erthygl ar gyfer dysgwyr, oherwydd mae rhyw ddafad, sori, dysgwr, wedi gofyn i mi wneud hynny. Gan fy mod i'n Gymro i'r carn sy eisiau helpu dysgwyr, 'dw i'n blêst iawn i 'sgwennu rhywbeth.

'Dôn i ddim yn siwr lle i ddechrau tan syjestiodd rhywun dylwn i ateb y cwestiwn sy ar wefusau pob dysgwr, sef – gyda'n gilydd – 'O ble 'dych chi'n dod yn wreiddiol?'

Wel, ces i fy ngeni ar fferm fach yng nghefn gwlad Cymru o'r enw 'Tŷ Bach y Tylwyth Têg'. Yn fy nyddiau cynnar treuliais i lawer o oriau hapus yn chwarae yn y tomennydd o gwmpas y lle.

Mae'r fferm, sy erbyn hyn yn perthyn i mi, yn gorwedd yng nghesail mynydd 'Nŷth y Dryw' hen fod yn rhy bell o bentre bach 'Tantînbrân'. Yn y pentre' hwnnw dechreuais i fy ngyrfa yn ysgolion ein gwlad. Adeilad bach oedd yr un cynta' ac roedd y disgyblion dan ofal Miss Olwen Mari Thomas Lloyd Cohen. Dynes gas iawn oedd hi – un gair allan o'i le, ac fe fyddech chi'n cael y stic mawr.

Ar ôl dwy flynedd, a mwy nag un stic mawr, symudais i'r ysgol fawr yn y dre' fawr. Ysgol y Mulmoel oedd hi a does gen i ddim byd i'w ddweud amdani hi heblaw fy mod i ddim yn hoffi hi! A dweud y gwir wnes i'n eitha' da yn yr ysgol fawr, digon da i gael lle yn y coleg amaethyddol..

Tra o'n i yn y coleg 'ma dysgais i sut i drin defaid, sut i odro gwartheg, sut i gael gwared a cheiliog yn y bore bach ac hefyd sut i wisgo fel ffermwr go iawn – hynny yw – trôns, trowsus melfared, crys siec, bresus, welis gwyrdd a chôt gotwn wedi ei wacsio a het – a cwbwl lot yn y gwely!

Gorffennais yn y coleg efo llond bol – na, llawer iawn o gymwysterau – ac es i yn syth i weithio ar fferm fy nheulu. Mae'r fferm wedi bod yn y teulu ers pan brynodd fy nhad hi bymtheg mlynedd yn ôl. Daeth y fferm i fy nwylo i pan ymddeolodd fy nhad a symud i Wlad yr Iâ. Erbyn hyn mae ganddo fo swydd fel dyn hufen iâ.

Llynedd es i i dipyn o drafferth efo'r defaid, ond dw i'n credu os fydda 'i ddim yn plannu nhw yn rhy agos at eu gilydd bydd popeth yn iawn y flwyddyn nesa'.

Wel, rhaid i mi orffen rŵan achos mae'n hen bryd i mi fynd allan i odro rhywbeth – ond dw i wedi anghofio beth- felly wna i edrych yn fy nodiadau o'r coleg. Tan y tro nesa', pob hwyl efo'r dysgu! Ta ra.

O. N. 'Sgwennwyd yr erthygl hon heb eiriadur, a dyma
rai geiriau i'ch helpu chi. 'Dw i'n egluro'r geiriau yma yn
well na'r geiriadur!!!)

Syjestiodd – a very old Welsh word

Cefn Gwlad Cymru – in the middle of nowhere

Tylwyth Teg – fairies

Stic Mawr – very painful

Trôns – to keep things warm

Gwlad yr Iâ – very cold

Horys Ap Wmffre

I wrote this piece during the time i was following a course for the Certificate in Welsh as a Second Language in Cartrefle College, Wrexham. At that time, during the late eighties and early nineties of the last century, the tutors at Cartrefle produced a quarterly magazine for Welsh learners called Prentis. *This magazine included a wide variety of articles, some serious and some not so serious written by Welsh speakers and learners. So, i decided to write this piece about a real Welshi(??) and sent it in for publication.*

The history of a real Welshi!

Hello there. I am Horys ap Wmffre. I've written an article for learners because a sheep – sorry – a learner has asked me to do so. That is because i am a real Welshman who wants to help learners and i'm pleased to do so.

I wasn't sure where to start until someone suggested that i should answer the question that is on the lips of every learner – that is – Where do you come from originally?

Well, i was born on a small farm in the wilds of Wales called 'Tŷ Bach y Tylwyth Teg', or the 'Fairies' Toilet' in English. In my younger days i spent many happy hours playing on the dung heaps all around the place.

The farm, which now belongs to me, lies in the armpit of the Wren's Nest mountain, which isn't far from the little village of Tantinbrân. This is where i started my journey through the schools of our land.

The first school was very small and we were taught by Miss Olwen Mari Thomas Lloyd Cohen. She was a nasty woman: one word out of place and she would get the big stick out!

After two years and more than one big stick, i moved to the big school in the big town. Mulmoel school, and i haven't got much to say about this school apart from the fact that i didn't like it! To tell the truth i did quite well in the big school, well enough to go to agricultural college.

While i was in college i learned how to handle sheep, how to milk cows, how to get rid of cockerels in the early morning and how to dress like a farmer – dirty underpants, corduroy trousers, check shirt, braces, green wellies and a waxed coat and hat – and that was just to go to bed!!

I finished in college when i'd had enough – sorry – when i had enough qualifications and went to work on the family farm. The farm has been in the family ever since my father bought it 15 years ago. The farm came into my hands when my father retired and moved to Iceland to be an ice-cream man.

Last year i had a bit of trouble with the sheep, but i believe that if i don't plant them too close together they should be okay next year.

Well, i have to finish now because i have to go outside and milk something, but i've forgotten what. So i'll have to look at my notes from college.

Till the next, good luck with your learning. Ta ra.

N.B. This article was written without the aid of a dictionary and here's some words which may help you – i can explain them better than a dictionary!!

Syjestiodd – a very old Welsh word

Cefn Gwlad Cymru – in the middle of nowhere

Tylwyth Teg – fairies

Stic Mawr – very painful

Trôns – to keep things warm

Gwlad yr Iâ – very cold

AM YR AWDUR

Cafodd Martyn Evans ei geni yn Llanelwy a'i magu yng Nghei
Connah lle mae o'n byw o hyd. Cafodd ei addysg ar lannau
Dyfrdwy, ac ar ôl gadael coleg mi weithiodd fel clerc cyfrifon a
chlerc gweinyddol i sawl cwmni. Gwirfoddolodd hefyd yn siopau'r
RSPCA yn Yr Wyddgrug a Shotton. Treuliodd hefyd 2 flynedd
fel gofalwr llawn amser i'w mam tan ei farwolaeth yn 2017.

Erbyn hyn, ar ôl dysgu Cymraeg mewn amryw ddosbarth nos, mae o'n rhugl
ac mae o'n ysgrifennu barddoniaeth yn Gymraeg ac wedyn yn ei chyfieithu
i'r Saesneg. Yn 2017 llwyddodd i ennill y Gadair yn Eisteddfod Dysgwyr y
Gogledd Ddwyrain yn 'y Stiwt' yn Rhosllannerchrugog.

ABOUT THE AUTHOR

Martyn Evans was born in St Asaph and brought up in Connah's Quay
where he still lives. After attending school and college in Connah's Quay,
he worked for various companies over many years as an accounts clerk
and administration clerk and also spent some time doing voluntary
work for the RSPCA in their Mold and Shotton shops. Spending two
years as a full-time carer for his mother until she passed away in 2017,
he is now a man of leisure, mainly writing poetry and gardening.

Being a fluent Welsh speaker, having learned the language in various evening
classes, his poetry is written in Welsh and translated into English by the
author himself. After a number of attempts, in 2017 he won the Chair
Competition in the North East Wales Learners Eisteddfod, which was held in
the Miners Institute or 'Stiwt' in Rhosllannerchrugog.